Te 144/10

LA

PHARMACIE A VANNES

AVANT

LA RÉVOLUTION,

PAR

M. LE DOCTEUR G. DE CLOSMADEUC,

Chirurgien en chef de l'Hôpital civil et militaire de Vannes, Membre correspondant national de la
Société de chirurgie de Paris, Membre de la Société polymathique du Morbihan,
Secrétaire de l'Association médicale du Morbihan, etc.

VANNES,

IMPRIMERIE DE J.-M. GALLES, RUE DE LA PRÉFECTURE.

—

1862.

LA
PHARMACIE A VANNES
AVANT LA RÉVOLUTION.

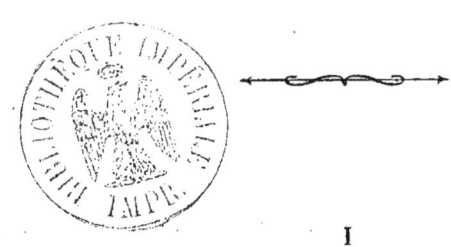

I

Un Mémoire d'Apothicaire.

Il est rare qu'en fouillant dans les greniers de nos maisons bourgeoises, on n'y rencontre pas, enfouies pêle-mêle avec des paperasses sans valeur, quelques-unes de ces pièces manuscrites, curieuses, qu'on aime à sauver de la destruction, justement parce qu'elles donnent la clé de certains détails intimes de la vie de nos pères, et qu'elles permettent, sans grand effort d'imagination, d'établir des points de comparaison intéressants entre des époques séparées par une longue suite d'années.

Voici, par exemple, un mémoire d'apothicaire, provenant des archives domestiques d'un ancien procureur de la ville de Vannes. Son analyse va nous servir d'introduction naturelle à l'étude d'une profession bien différente autrefois de ce qu'elle est aujourd'hui.

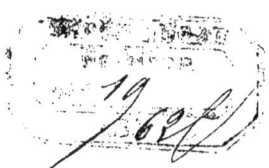

La date de *ce mémoire* n'est que de 1788, mais comme tout est relatif dans ce bas monde, je ne crains pas de me tromper en déclarant qu'à mes yeux, sous le rapport médical, ce document porte un cachet d'antiquité plus reculée. N'en déplaise aux susceptibilités professionnelles, la ville de Vannes, en 1788, était en arrière de plus d'un siècle, au point de vue de la pratique de la médecine et de la pharmacie.

Le compte en question est présenté dans toutes les règles, écrit en beaux caractères et très lisibles, sur un papier épais à gros grain. Il ne comprend pas moins de neuf pages in-folio. La note des médicaments fournis est justifiée, jour par jour, avec l'indication des malades auxquels ils sont destinés, et ses 105 articles correspondent aux ordonnances de deux hommes de l'art, un médecin et un chirurgien.

L'intitulé s'étale en lettres majuscules : *Mémoire des médicaments fournis à M. le marquis de Penhoët, par le sieur Bodin, apothicaire*, 1788.

Le total dudit compte d'apothicaire s'élève à la somme de 496^l,4 sols : au bas se lit l'acquit suivant :

*Reçu de M***, procureur, le montant cy-dessus. A Vannes, le 3 de l'an 1789, Bodin fille, pour mon père.* Ce qui donne à penser que peut-être le sieur Bodin n'était plus de ce monde, lorsque sa fille mettait le mémoire au net et l'acquittait.

Cette somme de 496^l,4 sols est déjà une somme assez ronde, et on pourrait croire qu'elle représente la dépense de plusieurs années. — Il n'en est rien. — Le compte s'ouvre le 24 juin 1788, et se clôt le 1er décembre de la même année ; cinq mois, pas davantage.

Tous les articles, au nombre de 105, sont relatifs à des médicaments magistraux, préparés et délivrés d'après ordonnance. Enfin, il est bon d'ajouter que ces médicaments n'ont été administrés qu'à un nombre réduit de personnes. Le mémoire est explicite à cet égard. — Quatre personnes seulement ont été malades, pendant ces 5 mois, et c'est à ces quatre malades que s'appliquent les prescriptions énumérées par maître Bodin.

A première vue, le mémoire de Bodin, de Vannes, nous apparaît comme un mémoire d'apothicaire du XVIIe siècle, transplanté dans le XVIIIe. Il est frère de celui de M. Fleurant, et les médecins qui donnaient à un pharmacien l'occasion de préparer de semblables drogues, n'auraient pas manqué de prendre au sérieux les consultations de MM. les docteurs Purgon et Diafoirus. — Quelle singulière et féconde polypharmacie ! A-t-on jamais vu pareil abus de la purgation ? Et comme il fait beau voir défiler, dans le mémoire de Bodin, toutes ces compositions fameuses, chéries de nos ancêtres, pour lesquelles la science moderne n'a que du dédain ! La célèbre médecine noire, dont l'odeur seule faisait fuir les petits enfants, les préparations de gayac, de tamarin, de benjoin, de persil, d'ache, le blanc de baleine, les elixirs, les tisanes et les apozèmes de toutes sortes, depuis les apéritifs et remollitifs, jusqu'aux apozèmes carminatifs, anti-putrides, stomachiques, etc., etc., etc. Les opiats en tête desquels brille la thériaque du médecin de Néron, etc.

Les clystères ont la place d'honneur dans le mémoire de M° Bodin. On en a mis partout. La salutaire opération était payée 15 sols, même prix que dans le compte du malade imaginaire; mais une chose qui ne se trouve pas dans Molière, et que je marque d'une croix dans le compte de maître Bodin, ce sont des articles comme celui-ci :

« 16 *juillet, une potion purgative et vomitive,* —
...... *et avoir assisté à l'effet dudit remède, cy*. . . 40 sols. »

Que dites-vous de ce rôle échu aux apothicaires de Vannes? Depuis bien des années déjà, les apothicaires de Paris se refusaient à donner eux-mêmes des lavements, et Regnard, dans une de ses comédies, fait intervenir un certain Clystorel, qui se redresse de toute sa hauteur, quand on lui parle de revenir aux anciens usages. — A Vannes, en 1788, les apothicaires n'ont nul souci des répugnances de M. Clystorel. Ils administrent le remède *proprid manu*. Ils font plus, ils assistent à son effet. Pourquoi cela? Eh! mon Dieu, on le devine : c'est pour en rendre compte à ce bon maître Purgon. Voilà un détail précieux pour l'histoire de la pharmacie en province.

Il devient intéressant maintenant d'entrer plus à fond dans les détails, et de connaître non-seulement les noms et les qualités des quatre personnages, mais encore le genre de traitement qu'ils ont subi.

En tête, s'avance M. le marquis de Penhoët, le noble client de l'apothicaire Bodin. Du 15 juillet au 24 octobre, M. le marquis a eu recours, une vingtaine de fois, au ministère de la médecine et à ses prescriptions. — Mais quelles prescriptions! à dérouter la prudence des praticiens de nos jours. . . . . . Dans l'espace de trois mois, le haut et puissant marquis a pris : 3 pintes de taffia de gayac, 16 pintes d'eau de sedlitz, une pinte de vin blanc avec thériaque, aloès et blanc de baleine, 22 onces de manne en larmes, 24 grains d'émétique et deux douzaines de médecines noires, sans compter les médicaments anodins, sans compter les lavements.

Certes, voilà un malade vraiment traité en grand seigneur, et qui peut s'écrier comme Argant : « Ce qui me plaît dans M° Fleurant, mon « apothicaire, c'est que ses parties sont toujours fort civiles. »

On ne dira pas cependant qu'il s'agit d'un cas exceptionnel, et que le tempérament de M. le marquis exigeait cette thérapeutique vigoureuse. Voici Mlle Notré, une vieille demoiselle, et peut-être l'intendante de M. le marquis, qui, aussi elle, entre en relation avec la médecine, et la médecine, flanquée de son fidèle Achate, maître Bodin, la traite avec la même ardeur : des purgations multipliées par des purgations! des médecines noires réitérées! et des lavements à n'en plus finir!

Du 2 août au 9 du même mois, la médication purgative, à toute vitesse, finit par exciter les nerfs de la vieille gouvernante et lui trouble l'appétit. Personne ne s'en étonnera. Le 12 août, le compte porte, pour Mlle Notré : « Une pinte d'eau de fleurs d'orangers et 3 verres d'eau minérale apéritive. »

Du 12 août au 25, je saute par dessus un certain nombre de médecines noires et de lavements purgatifs. J'observe, néanmoins, que, le 17, la vieille demoiselle a pris *une pinte de petit lait clarifié et émétisé*, après son lavement... Du 25 août au 1er septembre, Mlle Notré avale, chaque jour, une *pinte d'apozème fébrifuge, purgatif et anti-putride composé*; puis, viennent des doses répétées de safran et d'aloès, d'opiats purgatifs....

Je renonce à suivre Mlle Notré dans tous ses voyages... autour de sa chambre; c'est l'affaire de l'apothicaire Bodin.

Le troisième personnage, qui joue un rôle dans ce mémoire, est un nommé Houdard, chef de cuisine de M. le marquis.

Pour celui-là, M. le marquis n'épargne rien. Une chambre avait été louée en ville, chez La Pocard, au prix de 12 livres par mois (3 mois = 36 livres). Ceci ressort d'un compte spécial de la dépense d'Houdard. Une gardienne lui avait été donnée : 76 journées à une livre, total 76 livres. Enfin, le médecin de M. le marquis visitait le malade, et le pharmacien Bodin remplissait les ordonnances avec sa ponctualité habituelle.

Si on en juge par la durée de la maladie, près de 4 mois, le nombre prodigieux des ordonnances, et la quantité considérable de drogues de toute espèce employées, la maladie dut être très sérieuse. La nature des prescriptions permet même de supposer qu'il s'agissait de ce que les anciens, Fernel entre autres, désignent sous le nom de fièvre maligne mêlée à la putride, en style moderne fièvre typhoïde grave.

Il serait trop long de faire l'énumération de tous les articles; mais, en récapitulant, on trouve : une quinzaine d'apozèmes fébrifuges, purgatifs, anti-putrides; 12 pintes de tisane apéritive, composée; 7 potions anti-émétiques de Rivière; 6 potions cordiales; 24 prises de poudre fébrifuge, purgative, anti-putride; des prises nombreuses de thériaque; plusieurs pintes d'eau de sedlitz; 12 chopines d'infusion stomachique et carminative; 18 onces de marmelade de Tronchin; plus 52 lavements plus ou moins laxatifs, préparés et administrés par le pharmacien Bodin; enfin, un nombre indéterminé de médecines noires....

Hâtons-nous de faire observer qu'indépendamment des médications actives, résumées dans ce tableau, il faut ajouter, pour être exact, un nombre proportionnel de saignées, dont n'avait pas à s'occuper le compte de maître Bodin.

C'est là, j'imagine, un échantillon accentué de la médecine, telle qu'on la pratiquait à Vannes, vers la fin du dernier siècle; et lorsqu'on voit tout à coup, le 7 novembre, s'arrêter la note relative à Houdard, un certain frisson vous saisit, et on est tenté de se demander si le pauvre malade a par mégarde échappé à la sollicitude de son médecin et de son apothicaire.

J'avoue que je faisais cette réflexion, lorsque je n'avais pour m'éclairer que le compte du bonhomme Bodin. Heureusement que je puis offrir un papier extrêmement curieux, qui jette une douce lumière sur la destinée du chef de cuisine. — J'ai dit plus haut qu'Houdard avait été soigné en ville, dans une chambre garnie louée à La Pocard, et qu'on avait placé près de lui une garde-malade. Eh bien ! c'est cette garde-malade elle-même qui dirigeait la dépense du ménage improvisé; et le compte de cette dépense, établi jour par jour par la gardienne, donne à penser que le malade a fini par être vainqueur dans la lutte.

Ce compte, en tête duquel on lit : 12 novembre 1788, est un véritable témoin à décharge. Il énumère une assez longue liste d'aliments fournis à Houdard, et ces aliments sont de ceux qui conviennent aux convalescents : des légumes, des huîtres, des œufs, des poissons, des biscuits, des confitures, des vins blancs et rouges, etc., etc. Je ferai même cette remarque, c'est que ce mémoire de garde-malade me paraît quelque peu forcé à l'endroit de certains articles. Ainsi, quand la respectable gardienne compte l'œuf à un sou, c'est-à-dire 12 sous la douzaine, il me vient une mauvaise pensée. Quoi ! Madame, 12 sous la douzaine d'œufs, à Vannes, en 1788 ! Cela n'est pas possible; ou du moins cela n'est possible que dans un compte soldé par M. le marquis de Penhoët.

Pendant que le chef de cuisine recevait des soins aux frais de son maître, un autre domestique, nommé Lanquetin, faisait une maladie grave, et, comme le premier, était confié à un homme de l'art et à une gardienne.

Depuis le 14 septembre jusqu'au 1er décembre, le mémoire de l'apothicaire Bodin signale toutes les ordonnances qui concernent ce quatrième malade. Ces ordonnances ont une physionomie particulière et une signification différente de celles des prescriptions précédentes. C'est toujours de la vieille thérapeutique, quelque chose qui sonne mal aux oreilles médicales modernes; mais il est évident que ces ordonnances de Lanquetin ont trait à une affection chirurgicale. Les médications internes ne sont pas complètement absentes ; mais elles sont rares. On devine tout de suite que ce n'est pas un médecin qui a soigné le malade. Ce qui domine dans le traitement institué pour Lanquetin, je le répète, c'est le traitement chirurgical. Je reconnais la trace d'un chirurgien, voire même d'un chirurgien barbier.

Du reste, notre praticien, en homme qui connaît son affaire, met à contribution tous les pots et les coffrets de l'apothicaire. Aujourd'hui, il ordonne l'emplâtre diapalme; demain, c'est du cérat de Saturne; après-demain, du digestif animé ; un autre jour, des fomentations émollientes, animées avec eau-de-vie camphrée; puis, viennent les épithèmes avec les farines résolutives; puis, l'onguent styrax; l'onguent de la mère, le blanc de rhasès, l'eau vulnéraire, les quatre onguents, le baume d'Arceus, l'apostolicum, l'égyptiac, etc., etc., etc.

Le mémoire de l'apothicaire, en ce qui concerne Lanquetin, s'arrête au 1er décembre 1788. La potion cordiale et le baume d'Arceus terminent la série. Pour avoir des nouvelles de ce pauvre Lanquetin, il nous faut bien vite nous reporter à *l'état* de M. le procureur, où nous lisons :

« Le 4 décembre, payé au sacristain de Saint-Pierre, pour ensevelir Lanquetin, cy 7 livres 16 sols. » Et plus loin : « Le 24 décembre, payé aux porte-corps, cy 7 livres 16 sols. »

La gardienne présente aussi elle son compte : « *Mémoire pour les fournitures que j'ai fourny.* » On y lit des articles comme ceux-ci : « *Pour du lay*, 1^1,8 ; *pour des bisqui*, 14 ; *pour de l'aux*, 12. »

Les deux derniers articles sont les plus tristes ; ils ont rapport à la dernière toilette du défunt :

« *Pour le pérutier* (perruquier), 4 *sous.*

Pour de l'ancant (encens), 3 *sous.* »

Le total des deux comptes monte à la somme de 29 livres 8 sous.

Ce même jour, au moment où les porte-corps venaient de toucher leur salaire. Hasard! ce sont là de tes jeux ! un autre créancier montait l'escalier du procureur. — Ce créancier n'était rien moins que le docteur Blanchet, qui recevait la somme de 164 francs pour ses honoraires.

Le docteur Blanchet est ici bien à propos nommé. Car, en qualité de médecin ordinaire de M. le marquis de Penhoët, il est l'auteur de ces prescriptions implacables que le mémoire de l'apothicaire Bodin nous a révélées.

Nous n'irons cependant pas jusqu'à lui attribuer le traitement du défunt Lanquetin ; puisqu'à la page suivante de son état, M. le procureur note une somme *de* 250 *livres payées au chirurgien Castaignet pour Lanquetin;* et que nous avons le mémoire du chirurgien Castaignet lui-même, qui spécifie « *qu'il a traité Lanquetin pour une maladie chirurgicale très composée ! ! !* »

A chacun suivant ses œuvres. Au docteur en médecine la gloire et la responsabilité du traitement de M. le marquis, de Mlle Notré et d'Houdard ; au maître chirurgien barbier la douleur d'avoir vu ses emplâtres et ses baumes impuissants à sauver Lanquetin.

Contra vim mortis non est medicamen in hortis.

II

La Boutique de l'Apothicaire. — Détails sur l'exercice de la profession.

L'examen critique du mémoire de maître Bodin laisse déjà entrevoir ce qu'était la pratique de la profession médicale dans la ville de Vannes, avant la révolution. Le médecin, le chirurgien et l'apothicaire composaient une trinité scientifique, dont chaque personne mériterait une étude spéciale. Mais comme, après tout, le point de départ de ce travail est le mémoire payé par M. le marquis de Penhoët, occupons-nous de la pharmacie.

Certes, la pharmacie moderne n'a pas la prétention de ressembler à l'apothicairerie du dernier siècle. Du temps de maître Bodin le métier d'apothicaire était dans ses jours de splendeur. La polypharmacie antique régnait en souveraine, traînant à sa suite un corps médical d'une science douteuse imbu des théories caduques les plus ridicules sur les humeurs peccantes ou les obstructions des viscères, sur l'acrimonie de la bile, sur les vapeurs fuligineuses qui montaient de l'estomac au cerveau, et en descendaient sous forme de pituite pour se fixer au cœur... Les médecins prescrivaient leurs ordonnances en mauvais latin et y faisaient entrer par routine une multitude de drogues simples ou composées que l'apothicaire infusait, décoctait, triturait, pulvérisait et mélangeait de mille manières à l'aide de mille procédés minutieux.

L'apothicaire, serviteur subalterne du médecin, ne se fâchait pas lorsqu'on l'appelait son cuisinier, *medici coquus*. Il prenait sa revanche en adressant aux nobles seigneurs et aux bourgeois crédules des mémoires que la malice populaire avait rendus proverbiaux.

Les apothicaires de la ville de Vannes étaient réunis en corporation avec des statuts et des priviléges approuvés par lettres patentes. A l'exemple de ceux des autres villes, ils avaient leur bannière et leur blason. Même avant le célèbre édit de 1777, qui mit fin aux luttes intestines, ils avaient obtenu le pas sur la corporation des marchands épiciers. — Je reviendrai plus tard sur cette communauté des maîtres apothicaires de la ville et ressort du présidial de Vannes, sur son origine, ses remarquables statuts et son personnel, pour le moment je tiens à m'arrêter devant la boutique du vieil apothicaire Bodin, située *rue Latine*, et j'irai jusqu'à pénétrer dans son intérieur.

Les ouvrages de pharmacie antérieurs à 1789 nous donnent des renseignements précieux sur l'exercice de la profession. Chaque pharmacien était tenu d'avoir trois ou quatre de ces ouvrages dans sa bibliothèque. C'était par exemple : Le *dispensatorium medicum* de Jean de Renou (1); La *pharmacopée* de Brice Bauderon (2); Le *novum lumen chymicum* de Rodolfe Glaubert (3); La *pharmacopée royale galénique* de Moyse Charras (4); Le *Dictionnaire pharmaceutique* de De Meufve (5). Je cite

---

(1) *Dispensatorium medicum*, les œuvres pharmaceut. de J. de Renou, 2e édit. trad. par Louis de Serres. — Lyon, MDCXXXVII.
(2) *Pharmacopée* de Bauderon avec remarques de Vern. Lyon, 1663.
(3) *Novum lumen chymicum*, Rod. Glaubert, 1646.
(4) *La pharmacopée royale galén.* de Moyse Charras. Paris, 1682, nouv. édit.
(5) *Diction. pharmaceut.* de De Meufve. 1689.

ces noms de préférence, parce que les exemplaires que j'ai entre les mains ont presque tous appartenu à des confrères de maître Bodin. Ces livres, bien qu'ayant cours depuis plus d'un siècle, étaient encore les seules autorités connues et suivies avec respect par les apothicaires de Vannes.

Aussi quand le pharmacien Jean Come Lombard vint ouvrir boutique à Vannes en 1782, ayant pour bréviaire la 4e édition de la pharmacopée universelle de Lemery, et fier à juste titre de ses états de service à l'hôpital de St-Denis et dans plusieurs maisons de la capitale, les petits apothicaires de la rue des Halles, du Carrouër Saint-Pierre, de la rue Saint-Salomon et autres durent s'incliner. Sans désemparer, la communauté, délivra à Lombard ses lettres de réception, signées Grignon, médecin; Brunet, doyen des pharmaciens; Bodin, Oillic et Guilloux, syndic. Ce fut presque une révolution. La pharmacie de maître Lombard devint dès lors et est restée depuis la première pharmacie du Morbihan.

Le pharmacien Bodin, reçu maître en 1761, (ses lettres de réception sont aux archives) était donc un apothicaire de vieille roche, exerçant en vertu des anciens règlements et mettant tout son zèle à se conformer aux instructions des pharmacopées courantes. Après la confection du chef-d'œuvre obligatoire, en recevant *ses lettres de maistrise*, il avait prêté le fameux *serment des apothicaires chrestiens et craignant Dieu*.

Il avait juré « *devant Dieu, autheur et créateur de toutes choses*.....
» d'honnorer et respecter non-seulement les docteurs médecins..., mais
» encore ses précepteurs et maistres pharmaciens sous lesquels il avait
» appris son mestier.

» Item, de ne mesdire d'aucun de ses anciens docteurs, maistres
» pharmaciens ou autres quelqu'ils soient.

» Item, de rapporter tout ce qui lui sera possible pour l'honneur,
» la gloire, l'ornement et la majesté de la médecine.

» Item, de n'enseigner point aux idiots et ingrats les secrets et rare-
» tez d'icelle.

» Item, de ne faire rien témérairement sans advis de médecin, ou
» sous espérance de lucre tant seulement.

» Item, de ne donner aucuns médicaments purgatifs aux malades
» affligés de quelque maladie aigüe, que premièrement il n'ait pris
» conseil de quelque docte médecin.

» Item,...

» Item, de ne descouvrir à personne les secrets qu'on lui aura fidèlement commis.

» Item,...

» Item, d'exécuter de poinct en poinct les ordonnances des médecins

» sans y adjouster ni diminuer, en tant qu'elles seront faictes selon
» l'art.

....

» Item, de désavouer et fuir comme la peste la façon de practiquer
» scandaleuse et totalement pernicieuse de laquelle se servent les
» charlatans empyricques et souffleurs d'alchymie à la grande honte
» des magistrats qui les tolèrent.

» Item, de donner aide et secours indifféremment à tous ceux qui
» l'employeront et finalement de ne tenir aucune mauvaise et vieille
» drogue dans sa boutique. »

Ah ! que les officines modernes ressemblent peu, comme coup d'œil, aux boutiques pharmaceutiques du xviie et du xviiie siècles, et combien il est à regretter qu'aucun pinceau n'ait pris soin d'en transmettre un croquis à la postérité ! quelle belle occasion de chef-d'œuvre cependant pour la palette de quelque Gérard Dow !

Voulez-vous vous faire une idée d'une pharmacie, telle qu'elles devaient être à Vannes, sous l'ancien régime ; ouvrez l'anti-dotaire de Jean de Renou, et admirez la gravure qui illustre la première page. Oui, c'est bien là la maison du marchand apothicaire du xviie siècle, cette maison en bois, à pignon sur rue, dont les étages surplombent. La boutique est *grande, belle, quarrée*, ouverte sur la rue et décorée tout autour jusqu'aux solives du plafond de plusieurs rangées superposées de bouteilles et de fioles, de vases de faïence ou d'étain bariolés, encombrées d'ustensiles propres à la profession.

Au-dessus de la porte du fond est un cadran sur lequel une colombe déploie ses ailes avec cette admirable légende : *Ubi Spiritus Domini, ibi libertas.* — Cette porte donne accès à une cuisine basse en laquelle, dit J. de Renou. « *Le sage et bien advisé apoticaire fera sa demeure la plupart du temps ;..... à celle fin qu'il soit toujours aux escouttes et qu'il espie ordinairement par une petite fenestre vitrée si ses apprentifs sont à leurs devoirs, s'ils reçoivent amiablement les estrangers, et s'ils distribuent et vendent fidellement et sans tromperie ses drogues et compositions.* »

A gauche se trouve le comptoir où le maître de céans devise courtoisement avec un noble seigneur coiffé d'un chapeau à plume dont le bout de la rapière passe sous le manteau. Le maître apothicaire tient un gros livre et paraît s'en servir comme d'argument pour établir le prix de la drogue ; au milieu de la pièce un fourneau allumé, et un alambic ; debout à droite et sur le devant vous distinguez l'apprenti imberbe, jeune homme au frais visage, qui manie à deux mains un énorme pilon qui sonne dans un gros mortier en fonte. Il détourne la tête d'un air distrait, et ses yeux rencontrent au premier plan une jolie servante qui stationne ; un autre garçon est grimpé sur une échelle et s'apprête à descendre une cruche contenant sans doute le médicament que réclame le chapeau à plume. Le personnage austère, en robe longue, qui continue sa route tout à fait au premier plan, a la démarche grave d'un magistrat qui se dirige vers la salle d'audience ; à moins que ce ne soit un docteur régent de la très salubre faculté se rendant à la cérémonie de la paranymphe.

Après avoir avec un soin minutieux décrit la disposition intérieure de la maison de l'apothicaire, depuis la cave où sont la *casse noire et le vin*, jusqu'au grenier où s'étalent les *plantes qui veulent un lieu sec*, J. de Renou passe à l'inventaire des instruments et ustensiles : Les petits et grands mortiers, les pilons de bois, de pierre ou de métal, les spatules, dont quelques-unes sont en bois de palmier et servent à la préparation de l'onguent diapalme, les petites meules pour triturer les perles, les marmites, les manches d'hypocrats, les alambics, les serpentins, les cribles et les bluteaux, *et plusieurs autres desquels le pharmacien se sert une fois l'année pour le moins.*

L'apothicaire aura des ciseaux et des couteaux de diverses grandeurs et spécialement destinés au service de la profession ; *car*, dit le naïf professeur : « *Les chambrières ne se gênent pas pour prendre les couteaux de la boutique dont elles râclent des naveaux et, s'en estant servies, elles les desrobent ou les cachent malicieusement et par ainsy mettent le plus souvent en peine les serviteurs pharmaciens.* »

Le principal mortier sera soutenu par un gros tronc de bois, *communément peint et orné de grotesques, non tant pour l'embellissement de la boutique que pour réjouir la vue des marchands qui vont et viennent.*

Suit la description des tables et des buffets nécessaires à l'officine. J. de Renou n'oublie rien, pas même sur la table du comptoir la petite fente que quelques-uns appellent *cache-maille*, laquelle aboutit à un petit tiroir, *dans lequel on tient un plat de bois qui reçoit tout l'argent qui se gaigne du jour la journée.*

Les vases métalliques sont de différentes sortes, et il est bon de distinguer le Coquemard que les latins appellent *Ahenum*, du chaudron qui se nomme *Cacabus*, et de la bassine qui correspond au mot *Patina*.

Je voudrais passer rapidement sur les vases en terre ou en étain, les bouteilles et les fioles, les boîtes et les coffrets. Il y en a de toutes les grandeurs et de toutes les formes ; et je fais la remarque que chacun de ces objets est décoré d'un nom latin et porte avec lui un cachet d'originalité, dont les pharmaciens de nos jours ont perdu le secret.

La pharmacie de l'hôpital civil de Vannes est riche en objets de ce genre, vous y verrez trois vieux pots à canon d'une hauteur phénoménale, rehaussés d'une guirlande bleue et d'une bordure verte. Sur l'un on lit en lettres noires : *Confection d'aunée* ; sur le deuxième *Diaccordium*, et sur le dernier, *Unguent styrax*. Vous y verrez en même temps des vases en fine faïence, plus petits que les précédents, en forme de coupes ou de calices que les anciens appelaient *piluliers*, parce qu'ils contenaient les masses pilullaires, ou encore poudriers, quand ils renfermaient les drogues pulvérisées.

Je signalerai surtout trois charmantes chevrettes (*caprunculæ*) d'une forme excessivement originale. Ces chevrettes en faïence, qui sont munies d'une anse, d'un anneau et d'un bec, servaient à la garde des sirops et des huiles médicamenteuses. La chevrette était un vase spécial aux officines, aussi ne doit-on pas s'étonner de voir que l'article 19 des statuts des apothicaires de Vannes fait défense expresse aux chirurgiens et aux barbiers d'avoir chez eux des chevrettes.

L'une des chevrettes de l'hôpital a pour étiquette : *S. Oxyacant.*, aucun des pharmaciens de Vannes n'a pu me donner l'explication de ce titre. Heureusement qu'en feuilletant la pharmacopée de Brice Bauderon j'ai appris que Syrupus oxyacanthi signifiait sirop de berberis, autrement dit sirop d'épine vinette ; j'ai appris de plus que ce sirop *refrigère, astreint et partant corrobore le cœur et l'estomacq eschauffés et en appaise la ferveur.* » Merci de la leçon, maître Bauderon.

Chez un de nos pharmaciens de Vannes, j'ai rencontré deux autres chevrettes sur lesquelles sont peints en bleu les noms de S. d'Emétique, et de S. d'Arthémise, encore un sirop composé de je ne sais combien de substances et qui possédait l'inestimable vertu de *corriger le sang et fortifier les nerfs.* Ces deux vases, relégués désormais dans une arrière-boutique, avaient jadis figuré dans l'officine de l'apohicaire Joachim Oillic, un élève du bonhomme Bodin.

De mon côté, j'ai réuni dans une collection un certain nombre de ces vieilles poteries, provenant toutes des boutiques de maîtres apothicaires de Vannes avant 89. Ces objets sont d'autant plus importants pour l'histoire qu'ils portent avec eux des étiquettes indélébiles qui permettent en quelque sorte de dresser le bilan de la matière médicale de l'époque. Je citerai les plus remarquables :

1º Une chevrette ayant pour étiquette: *O. Bryonniæ*, huile de Bryonne. On *s'en sert*, dit Brice Bauderon, *avec un louable succez, à l'hydropysie dans le commencement.*

2º Une chevrette avec l'étiquette : *O. Rhutæ*, huile de Rhue, qui, suivant J. de Renou, *est souveraine aux maladies de la ratte ; elle ouvre les porositez du cuir, resout les mauvaises humeurs et dissipe toutes ventositez.*

3º Une chevrette : *S. Lumb.* Sirop de vermisseaux.

4º Un vase, en forme de calice ayant pour épigraphe *E. Philon. Rom.* Electuaire *ainsi nommé* parce qu'il fut inventé par Philon, excellent médecin et philosophe grec, natif de Tharse, pays de saint Paul l'apôtre. (Brice Bauderon.)

5º Un vase semblable au précédent, intitulé : *V. Aureum.* L'onguent doré et royal, *digne d'un roy en bonté et valeur;* il procure en peu de temps aux *playes une belle et louable cicatrice.* (J. de Renou.)

6° Un pilulier avec son étiquette bleue : *E. Card-Bened.* Electuaire de chardon bénit. Ce chardon bénit *à cause de son amertume est chaud. Voylà pourquoy il fortifie le cœur et toutes les parties vitales, résiste à toutes sortes de venin, et est grandement profitable contre les morseures de serpent.*

7° Un autre vase en faïence, enguirlandé de bleu, portant pour étiquette : *O. Salomonis* ; Opiat de Salomon. Brice Bauderon s'exprime ainsi à son sujet: «La base est l'escorce de citron confite et seiche et la semence ; sa vertu alexitère est augmentée par le mithridat, conserve d'Enule campane et de Buglosse, os de cœur de cerf, gentiane, cardamone, dictame, semen-contra et le chardon bénit. Le macis, canelle, giroffle et bois d'aloès y sont unis pour fortifier les viscères et inciser et atténuer, déterger les matières crasses et visqueuses que la graine de genièvre conduit par la voye de l'urine. La conserve de rose fortifie le ventricule par sa légère adstriction. La conserve d'ozeille et sirop de limons avec le sucre corrigent leur chaleur, rendent leur action meilleure, donnent la forme et conservent leur vertu. » Que dites-vous de l'opiat de Salomon fabriqué par l'apothicaire Oillic, place St-Pierre?

8° Un autre joli vase de même faïence, et semblablement peint en bleu, sur lequel on lit : *Cons. flor. nymph.*, conserve de fleur de nymphée. Le nénuphar, *lilium aquaticum* s'il faut en croire J. de Renou, « *provoque le dormir et assoupit totalement les chauds mouvements du dieu d'amour, si on use longtemps de la conserve.* »

En terminant, je signalerai aux amateurs la collection remarquable, à tous égards, que possède l'hospice Saint-Yves. Une de ses chambres hautes est un véritable musée archéologique, et il serait trop long de faire ici l'énumération de toutes ses richesses. Notons cependant deux vases de grande dimension, en forme d'amphores aux anses contournées en spirales, dont l'originalité égale l'élégance. Au milieu de la guirlande bleue, on lit en gros caractères les noms latins des deux plus solennelles confections de l'apothicairerie du moyen-âge : la thériaque d'Andromaque et le mithridat. Quant aux pots à canon, aux chevrettes, aux poudriers, aux coupes pilulières, aux bouteilles et aux fioles, il faut les compter par douzaines.

Ces petits bocaux en verre fin, découpés d'une façon si gracieuse, se nommaient *urceoli*. Il avoient pour usage de conserver les poudres célèbres, comme la poudre de vipère, la poudre des trois santaux, celle de corne de licorne, la poudre de saphir ou d'émeraude, etc., etc.

Enfin, n'oublions pas de donner une mention spéciale à ces singulières bouteilles en faïence épaisse, reconnaissables à leur long goulot et à leur ventre rebondi. Les anciens les appelaient *atramentariæ*, encrieres. Ils y renfermaient les apozèmes et les restaurants destinés à la clientèle de la ville et de la campagne. A cet effet, elles sont munies, sur les côtés, de deux ou quatre oreilles perforées. A l'aide d'une ficelle passée dans les trous, les garçons apothicaires les portaient comme un chasseur ses munitions.

L'hospice de la Garenne possède des échantillons nombreux et divers de ces atramentariæ. Les étiquettes en sont bizarres. En voici une qui s'exprime par ces mots éloquents : *Verse à moy*. En voici une autre qui s'intitule : *A moy du bon vin;* une autre : *Donne;* une autre : *Boy*. Puis ces autres se désignent par des noms de baptême empruntés au calendrier : *Louys, Antoine, Charles, René, Jan, Martine*, etc., etc. Ces légendes, plus ou moins joviales, avaient sans doute un sens significatif, qu'on ne devine pas aisément aujourd'hui, pas plus qu'on n'explique les figures grimaçantes et souvent graveleuses de nos cathédrales gothiques.

Quoiqu'il en soit, toutes ces vieilles poteries d'apothicaire, dont la plupart sont des faïences de Beauvais ou de Limoges, derniers débris d'une profession disparue, sont devenues rares. Les pharmaciens modernes ne les connaissent même pas de nom. Dans quelques centaines d'années, elles seront payées au poids de l'or par les antiquaires de la société archéologique, nos successeurs. On recherchera les formes originales, caractéristiques du métier, les inscriptions latines, précieux et authentiques témoins d'une science encore au berceau. On admirera jusqu'à ces naïves peintures bleues, jaunes ou vertes, imitant des branches de palmier, des couronnes de laurier ou de verveine, des guirlandes de fleurs grimpantes, des bouquets de liserons et de tulipes, des armoiries fantastiques. Heureux les amateurs qui auront dans leur collection ces coffrets introuvables (*arculæ et pyxides*), devant lesquels s'extasie J. de Renou : « *Joyeusement décorés de cerf-volants, de viedazes empennés, d'oysons brides, de Centaures à cul pelé, de casnes bastées, entre lesquels*, dit le pharmacographe, *est un quarré où le nom de la drogue est écrit en lettres d'or et d'azur.* »

Les chapitres suivants, du livre inimitable de J. de Renou, sont consacrés au dénombrement des médicaments simples que l'apothicaire doit avoir dans sa boutique, innombrables échantillons de la flore universelle....

Les eaux distillées se désignent par les dénominations d'eaux cordiales, d'eaux alexitères, d'eaux hépatiques, d'eaux céphaliques, d'eaux stomachales, d'eaux spécifiques, etc., etc., etc.

Passant du règne végétal au règne minéral, et de celui-ci au règne animal, le consciencieux pharmacologue aborde, avec complaisance, les médicaments qui proviennent des animaux ; et ici nous assistons au spectacle idéal de l'arche de Noé.

« Le diligent apothicaire aura dans sa boutique des cantarides, des cloportes, vermisseaux, lézards, formis, vipères, scorpions, grenouilles, escrevisses et plusieurs petits oyseaux. Quant aux parties des animaux, nos médecins tiennent assurément et vrayement qu'elles sont douées de plusieurs et admirables vertus, entre lesquelles parties nous pouvons mettre le crâne ou le test d'un homme mort et non enterré, l'os qui est dans le cœur du cerf, la cervelle des passereaux et des lièvres, les dents d'un sanglier, le cœur des grenouilles, le poulmon de renard, le foye de bouc, les boyaux de loup, ... la peau et la dépouille de serpent; item la graisse d'homme, d'oye, de brebis, de canard, de lapin, de chèvre, d'anguille et de serpent.... Le sang humain, le sang de pigeon, de bouc; ... les cornes de cerf, de chevreuil et de licorne; les ongles de pied d'élan; le test des huîtres... et les coquilles de plusieurs poissons.

« Finalement, depuis que les excréments desdits animaux ont aussi leurs particulières vertus, il n'est pas messéant au pharmacien d'en tenir dans sa boutique, et particulièrement de fiante de chèvre, de chien, de cicoigne, de paon, de civette, et de poils de certains animaux. »

Dieu me garde de suivre J. de Renou dans sa revue des remèdes composés que le pharmacien doit tenir prêts dans sa boutique, depuis le syrop vyolat, qui réclame sept infusions préparatoires, et qu'on ne doit pas confondre avec le syrop Vyolet, jusqu'aux apozèmes purgatifs et aux opiats de toute nature que nous avons retrouvés dans le compte de maître Bodin.

En traversant ces marécages pharmaceutiques, d'où s'exhalent des odeurs nauséabondes, on est saisi d'épouvante comme au passage du Styx. Il nous suffit de déclarer que la plupart de ces compositions n'ont plus cours dans la science. Sans parler du mithridat, de la confection d'hyacinthe et de celle d'alkermès, il est certain que la drogue par excellence des anciennes officines, celle que les apothicaires *craignans Dieu* ne composaient qu'en grand apparat, et pour laquelle une place d'honneur était réservée dans la boutique, au-dessous de la statue du vénéré monsieur saint Luc, patron de la confrérie, la thériaque enfin, n'est plus désormais qu'un salmigondis burlesque dédaigné des docteurs, et à ce point déchue, qu'elle n'est plus employée qu'en médecine vétérinaire (1).

Indépendamment de la vente des remèdes, certains apothicaires se livraient au commerce des cosmétiques, des fards, des eaux parfumées, pour l'embellissement du corps. J. de Renou en a honte et avertit son lecteur bénévole qu'il lui fera grâce de la recette de telles préparations :

« *De peur que les courtisanes et autres filles de joye n'y trouvent de*

---

(1) « Par révérence de l'estat, si aucune fois il se faict quelque composition notable, comme le mitridac, thridacque, aurea, alexandrina, ou semblables, pourront en avertir la compagnie de médecins et apothicaires, pour disputer des bontés et valeur des ingrédiens. » — *Documents inédits sur l'Histoire de France.* 1re série. Tome II.

quoy attrapper et prendre à la pipée les jeunes hommes par trop imprudents. Il ne croit pas que la beauté et laideur du corps importe en quelque chose pour les mœurs, vu qu'il y en a plusieurs plus laids et difformes que Thersite, qui ont été très vertueux; et, au contraire, il s'en est trouvé de plus beaux et plus mignons qu'Adonis, qui ont été de grands scélérats. »

Au lieu de ces extraits d'un livre à l'usage des pharmaciens du XVIIe et du XVIIIe siècles, il m'était facile d'étaler devant vous l'inventaire notarié, dressé au domicile de feu Vincent Cercleux, maître apothicaire à Auray, daté du 18 juin 1733, ou encore celui « *faict par Me Mouëzy, maître apotiquaire, pour arrêter la communauté d'entre luy et feue demoiselle Janne Vincente Douabin d'Aubigné, son épouze, le 9 décembre 1745, à Auray.* »

Ces inventaires, dont l'un appartient aux archives départementales, et l'autre est entre mes mains, comprennent non-seulement la liste des nombreux ustensiles et des drogues, mais aussi le détail des meubles dépendant des successions.

Entre autres drogues hétéroclites, on trouve, dans la pharmacie de Cercleux, le guy de chêne, un morceau de pied d'élan, l'onguent de laurier, l'hyera picra, l'extrait de chardon bénit, un quarteron de vipères, une fiole d'élixir de propriété, un bocal de terre sigillée ou terre lemnienne (souveraine contre la peste et toutes les maladies contagieuses), un bocal de cloportes préparées, des bocaux de trochisques de vipère, un bocal *avec un peu* de poudre diamargaritum, appelé aussi *manus Christi*, main du Christ, épithète mal adaptée, s'écrie Brice Bauderon, *pource que la proportion et similitude d'une chose finie à une infinie est nulle.*

Et plus loin : un bocal avec 5 onces de pierre d'aimant préparé, estimé 2 sols. (Prise en petite quantité, cette pierre merveilleuse avait le privilége de conserver *la personne en la fleur de jeunesse.*)

Deux fioles d'esprit d'aspic, un bocal de bol d'Arménie, un bocal de sel de perles, un bocal de sel admirable, 4 onces de panacée, ... de l'eau céleste, une livre un quart de myrobolants, 4 onces de dictame de Crête, 6 onces de Bdelium, etc., etc., etc.

La boutique de maître Cercleux était parfaitement assortie et n'avait rien à envier à la pharmacie de J. de Renou.

Dans la boutique de maître Mouëzy, je salue en passant les drogues suivantes : La terre merite, la coraline, la rapure d'yvoire, le mastic en larmes, le tacamaca, le paricrabrava, les myrobolants assorties, l'espicanard, le bezoard oriental, l'hermodacte, le mecoacant, l'huile d'aspic, et l'huile de pierre, le diatragacanth, le sel de vipère et de karabe, le catholicon, etc., etc.

Parmi les instruments du confrère Cercleux, l'inventaire note deux seringues, *vade-mecum* de l'apothicaire. Non loin de ces deux instruments, on voit figurer une viole et trois livres de musique, estimés 6 livres : maître Cercleux était musicien. Les trois livres de musique étaient peut-être des partitions de Lully, le compositeur d'Alceste et de Roland, le même qui avait noté la fameuse entrée des apothicaires dans la comédie du malade imaginaire. Quoiqu'il en soit, voilà un violoncelle estimé bien bon marché. Que dira-t-on des articles suivants :

Un lit de chêne, sa couette de balle, son oreiller de plume et sa couverte, cy . . . . »1 20s
Un bois de lit, une couette de balle, un matelat, un traversier, un oreiller de plume, une couverte en laine blanche, et la courte-pointe, cy . . . . . . 6 »
Un lit à l'ange avec sa garniture d'estamine rayée, deux matelats, un traversier de plume, sa couverte de laine blanche, cy . . . . 24 »
Un lit à tombeau sans garniture, une couette de plume, un traversier, deux oreillers de plume et une couverte de laine blanche, cy . . . . 21 »
Un habit vert et deux culottes de drap d'Espagne, cy. 25 »
Deux autres culottes et une veste noire, cy 1 10
Un gilet mignonnette, cy . . . . » 20

Fermons vite les feuillets de ce volumineux inventaire, et replaçons-le dans les archives. Aussi bien on se sent pris d'attendrissement en voyant estimé si peu de chose ce qui représentait naguère la science et le travail, le bonheur domestique, toute la richesse d'un brave apothicaire du bon vieux temps.

Il faut bien l'avouer, dans notre bonne ville de Vannes, avant la Révolution, la pharmacie en était là. A qui la faute ? Si ce n'est aussi à ces tristes médecins, étrangers à tout progrès scientifique, qui s'égaraient encore, en plein XVIIIe siècle, dans le labyrinthe inextricable d'une thérapeutique monstrueuse, et s'épuisaient en formules dictées par l'empirisme le plus grossier, ou les plus vaines doctrines. C'était le temps où les docteurs regardaient comme un déshonneur de pratiquer une saignée, et adressaient leurs malades à *l'enseigne des bassins pendants*.

Dans sa boutique de la rue des Halles, lorsque le soir terminait les fatigues de la journée, l'apothicaire Mathurin Bodin dormait la tête appuyée sur l'antidotaire de J. de Renou, et son sommeil n'était troublé ni par les éclats de rire de Molière, ni par les coups de fouet de Guy Patin, qui décorait l'apothicaire de son temps du nom de : fricasseur d'Arabie, *animal fourbissimum, bene faciens partes et lucrans mirabiliter*.

Certes, les pharmaciens de nos jours répètent en chœur que la pharmacie est perdue, et qu'avant la Révolution, la pharmacie s'exerçait à Vannes d'une manière beaucoup plus lucrative. Je n'ai aucune peine à les croire. La première raison en est qu'aujourd'hui la science médicale a changé de voie. Les hommes de l'art n'ont pas sans cesse la plume à la main pour prescrire des médications exorbitantes, comme celles du mémoire de maître Bodin. La saine médecine, la médecine moderne, a rejeté bien loin toutes ces pharmacopées surannées. Elle n'a que faire de tous ces apozèmes détestables, de tous ces électuaires, de toutes ces confections dans lesquelles entraient deux cents substances. Les trochisques de vipère sont allés rejoindre l'huile merveilleuse de scorpion, les nombrils marins et autres drogues non moins merveilleuses. Les ordonnances du médecin étant beaucoup plus rares et moins compliquées, les pharmaciens ont moins de besogne.

D'un autre côté, on a vu, par le compte de maître Bodin, que les apothicaires étaient chargés de préparer eux-mêmes les tisanes ordonnées et formulées par le médecin. Chaque soir, l'apothicaire devait livrer à ses pratiques une quantité considérable de boissons préparées dans les règles. Souvent même la *médecine noire* était confectionnée chez le client. L'apothicaire faisait sa visite et, tirant de sa poche le poêlon d'argent destiné aux quatre substances : manne, rhubarbe, casse et séné, il se mettait lestement à l'ouvrage. La médecine en question, dont on faisait alors une consommation prodigieuse, est cotée 30 sols dans le mémoire de Me Bodin. Le vase qui la contenait avait une forme particulière et s'appelait : *fiole à médecine.*

Enfin, à cette époque, les apothicaires s'adonnaient avec succès à la pratique de certaines opérations d'alcôve, laissées depuis, on ne sait pourquoi, à l'indiscrétion et à l'inexpérience des garde-malades. Tandis que le barbier, quelque peu chirurgien, rasait adroitement le poil des bourgeois, en attendant qu'on vînt se faire panser plaies, bosses et aposthumes; de son côté, le diligent apothicaire sortait de sa boutique au lever du soleil, portant gravement sous son bras une boîte de dimension respectable, et s'en allait chez ses malades exécuter les ordonnances du médecin.

Les plus modestes se contentaient d'un étui suspendu au cou par une bandoulière; de ce nombre était maître Oillic dont j'ai retrouvé l'étui enfoui dans le grenier d'une revendeuse. La brave femme prenait cet objet pacifique pour une fonte de pistolet. Quand les prescriptions étaient trop nombreuses pour être servies par un seul homme, le soin de l'opération salutaire était confié aux apprentis, jeunes gens initié de bonne heure à tous les secrets du métier. « J'en ai donné, monsieur, me disait un jour un vieux pharmacien, en faisant allusion au temps de sa verte jeunesse ! »

A Vannes, la communauté des apothicaires avait tarifé la bienfaisante opération à 15 sols, comme dans le mémoire de M. Fleurant, et on se rappelle par quel chiffre se multipliaient les 15 sols dans le compte de l'apothicaire Mathurin Bodin. Je vous le demande, par quoi les pharmaciens modernes ont-ils remplacé cette source intarissable de bénéfice, véritable pactole n'amenant que de l'or dans le cachemaille du comptoir !

Ajoutez que là ne se bornait pas le rôle de l'apothicaire. L'apozème préparé *secundum artem*, le lavement administré avec l'adresse que donne seule une longue expérience, l'apothicaire, en maintes circonstances (*horresco referens!*), devait assister à l'effet des médicaments. Il suivait en cela le précepte de Fernel qui veut que tous les efforts de l'ouvrier soient tournés vers le succès de son ouvrage. Du même coup, et par le fait, l'apothicaire s'élevait à la hauteur du médecin avec lequel, au lit du malade, il avait une sorte de consultation sur la matière et suivant les cas.

La même chose se passait dans la ville d'Amiens : « *Les médecins admettront les apothicaires aux consultations et visitations des malades pour raconter seulement et respondre, s'y sont requis de parler* (1).

Voilà bien des causes pour expliquer la décadence de la pharmacie de nos jours et son infériorité au point de vue lucratif, quand on la compare à sa devancière. Il en est une autre, et celle-là n'est pas moins péremptoire ; du temps de maître Bodin, il y a une centaine d'années, les médicaments étaient vendus plus cher qu'aujourd'hui. Le mémoire de M. le marquis de Penhoët en est la preuve, exemple :

Le gros de magnésie anglaise se vend aujourd'hui 4 sous ; Bodin marque six sous sur son mémoire ;

Les deux onces d'extrait de Saturne valent actuellement 12 sous ; Bodin les cote à 16 sous.

La pinte d'eau de sedlitz est portée à 40 sous dans le mémoire de Bodin ; nos pharmaciens ne la vendent qu'un franc.

12 onces de manne en larmes sont vendues tous les jours au prix de 4^f,75 ; chez mon vieil apothicaire cela vaut 6 livres, compte rond.

Ce même apothicaire vendait la chopine de sirop de vinaigre 2 liv. et 5 sous ; aujourd'hui vous aurez la même quantité à raison de 1 fr. 75.

D'après la même règle, mon bonhomme Bodin se fait payer :

8 onces sirop de limons	2^f 40,	au lieu de	1^f 50
4 onces d'onguent de la mère	1 00,	id.	0 75
4 onces baume d'arcéus	0 45,	id.	0 30
12 onces miel de Narbonne	2 00,	id.	1 80
1 once 1/2 de styrax	0 60,	id.	0 45
6 onces huile d'am. douces	2 40,	id.	1 25

D'où il résulte, en établissant la proportion, que le compte total de M. le marquis de Penhoët, au lieu de monter à 496 livres 6 sous, n'aurait monté qu'à la somme de 360 livres, s'il avait été présenté à notre époque par un des pharmaciens de Vannes. A ce prix, ils n'auraient

---

(1) Ord. de l'Eschev., *Documents inédits sur l'Histoire de France*, 1re série. Tome II, page 834 et suivantes.

pas manqué de se réserver encore un bénéfice raisonnable. Le mémoire de l'apothicaire Bodin ajoute à ce bénéfice présumé un excédant de cent trente et quelques francs.

Si donc les apothicaires de Vannes, contemporains de Bodin, n'ont pas fait fortune, c'est sans doute qu'ils employaient leurs bénéfices dans des entreprises ruineuses. Peut-être étaient-ils de ceux qui cherchaient la pierre philosophale ; ou plutôt se procuraient-ils à grands frais, et pour leur propre usage, ce fameux magistère de perles orientales, spécifique contre une foule de maux, et qui prolongeait la vie au-delà d'un siècle.

A propos de cette liqueur de perles dont s'entretiennent tous les pharmacologues, et que nous avons vu notée à l'inventaire de maître Cercleux d'Auray, je donnerai la parole à J. de Renou, qui cite l'anecdote *d'un certain barbier barbaut de Paris, qu'il a connu* et qui se mêlait de chimico-charlaterie : « Cestuy ayant esté appelé vers un certain malade pour lui appliquer deux sangsues, par ordonnance de médecin, et les ayant appliquées, fut si impudent que de demander six escus d'or pour sa peine ; de quoy les parents du malade estant grandement estonnés, il leur dit : Messieurs, ne soyez pas estonnés si je requiers de vous tel salaire pour l'application de mes deux sangsues ; je vous en devrais demander un beaucoup plus grand ; car je n'ai nourry ces deux sangsues d'aucun autre aliment que de la seule liqueur de perle, par l'espace d'un mois entier. »

J'ai dit ce qu'était la pratique de la pharmacie à Vannes avant la révolution ; sous ce rapport les pharmaciens modernes n'ont vraiment rien à regretter de l'ancien temps. Néanmoins il est de leur devoir de ne pas rougir de leurs ancêtres, pas plus que la chirurgie française ne doit rougir d'avoir pris naissance dans la boutique des barbiers ; toute science a ses origines modestes. Depuis le XVI⁰ siècle trois hommes de génie ont illustré l'art chirurgial en France : Ambroise Paré, Jean Louis Petit, et, presque de nos jours, Boyer ; tous les trois avaient fait leur apprentissage chez de pauvres barbiers, avant de devenir les premiers chirurgiens de leur époque.

III

La corporation des Apothicaires de Vannes.

S'il nous plaît de nous transporter par la pensée cent ans en arrière, le jour du Sacre ou de la fête de saint Vincent, nous pouvons assister au défilé des corporations de la ville de Vannes, qui suivent la procession, chacune au rang qui lui est assigné par l'ordonnance de M. le lieutenant-général de police. Entre toutes ces bannières, nous en remarquons une qui porte un écusson *coupé d'azur et d'or, sur l'azur à la main d'argent tenant des balances d'or, et sur l'or deux nefs de gueulles flottantes, accompagnées de deux étoiles à cinq points de gueulles*, avec la devise : LANCES ET PONDERA SERVANT.

Cette bannière déployée, à l'ombre de laquelle marche une compagnie qui se distingue par la bonne tenue et cet air d'indépendance et de dignité qui sied bien aux professions libérales, c'est la bannière des maîtres apothicaires de la ville, fauxbourgs, banlieue, évesché et ressort du présidial de Vannes. — Voici le moment de considérer cette corporation.

Les registres de la compagnie furent déposés à l'hôtel-de-ville de Vannes, après le décret de dissolution des jurandes, en 1791, comme le prouve une note consignée dans un inventaire qui subsiste. Malheureusement, ces cahiers ont été perdus depuis, et toutes mes recherches n'ont pu aboutir à les découvrir.

Néanmoins, les archives départementales possèdent de nombreux documents éparpillés dans les registres d'audience et les dossiers du présidial. Grâce à ces documents, dont le triage et l'étude m'ont été facilités par la bienveillance de M. Rosenzweig, il me sera possible de faire revivre cette communauté des apothicaires de Vannes, et d'en suivre la trace jusqu'à la Révolution.

Dans les détails que j'ai donnés, dans ceux qu'il me reste à donner encore, tout est intéressant pour l'histoire. Un siècle à peine nous sépare de ces naïfs apothicaires ; mais cette distance équivaut à plusieurs siècles, quand on songe que, pour y arriver, il faut enjamber une ère splendide de découvertes et de progrès, d'où est sortie la chimie moderne, et saluer des noms glorieux comme ceux de Lavoisier, Bertholet, Guyton-Morveau et Fourcroy.

Vers la fin du XVIIe siècle, la corporation des apothicaires de Vannes était régie par des statuts analogues à ceux qui régissaient leurs confrères de la ville de Nantes. — Dès l'année 1682, en effet, les maîtres apothicaires de Vannes, représentés par François Mallet leur syndic, adressaient une requête à M. le sénéchal, tendant à ce qu'il ait pour agréable que les statuts des apothicaires de Nantes fussent déclarés communs à ceux de la ville de *Vennes*.

Ils réclamaient *que deffenses soient faites aux médecins, chirurgiens, couvens, communeautés de femmes et autres filles dévottes, et à toutes personnes de quelleques qualitez qu'elles puissent etre, d'exercer la farmacye, vendre ny debiter drogues et autres compositions, sur paine de 500 livres d'amande et confiscation de leurs drogues; pareillement aux espiciers et autres gens d'exposer et de vendre drogues purgatives, sur paine de punition corporelle et confiscation.*

Ils suppliaient en outre qu'il fût ordonné de nommer deux d'entre eux pour procéder régulièrement à la visite et inspection des officines et des boutiques.

Sur un réquisitoire favorable de M. le procureur du roi, M. le sénéchal de Vannes rendait un jugement conforme, en date du 30 mai 1682.

Cinquante ans plus tard, le 13 juin 1731, les maîtres apothicaires de Vannes se réunirent de nouveau en assemblée générale, sous la présidence d'un docteur en médecine ; dans cette assemblée, l'organisation de la société fut établie sur de nouvelles bases, et, après mûre délibération, la rédaction des statuts fut définitivement arrêtée.

Dans sa supplique au roi de France pour obtenir l'approbation de ses statuts, la compagnie exposait qu'elle désirait *conduire la communauté sous la discipline des règles les plus sûres pour le public et les plus avantageuses au corps.*

La réponse de sa majesté Louis XV *à ses bien amés les marchands apoticaires de la ville, fauxbourgs, banlieue, évesché et ressort du présidial de Vannes*, ne se fit pas attendre. Au mois d'août 1732, les statuts furent solennellement confirmés par lettres patentes, dûment scellées du grand sceau de cire verte et enregistrées le 27 novembre de la même année.

Le mois suivant, le 18 décembre 1732, maître Gilles-François Defalleur, avocat, se présentait à l'audience, par devant M. le lieutenant général de police de Vannes, au nom des sieurs Rodrigues, Garnier, Joseph Blouet, Duhem, Legal, apothicaires, membres de la communauté, demandant qu'il plaise au siége ordonner que lesdites lettres patentes sioent publiées et enregistrées.

Ces statuts, en 27 articles, qu'on trouve insérés en entier dans les registres d'audience de police, constituent la charte de la profession. Cette charte a été en vigueur jusqu'à la Révolution.

En vertu des statuts, une association était fondée entre les maîtres apothicaires de la ville, fauxbourgs, évêché et ressort du présidial de Vannes.

Les assemblées générales devaient avoir lieu tous les trois mois, dans le but de *délibérer des affaires de la compagnie.* — Un président, le Prévot était élu à la pluralité des suffrages. Ce prévot, nommé aussi syndic, entrait en charge pour un an seulement, mais était rééligible. Ses fonctions étaient de représenter et de diriger la compagnie, de vaquer aux affaires communes, de faire les convocations règlementaires et de rendre compte des deniers de la communauté. — Telle est la teneur du 1er article des statuts.

Pour se faire une idée exacte du rôle social et du fonctionnement de ces corporations d'apothicaires sous l'ancien régime, il n'est pas inutile de rappeler qu'à Vannes, comme partout ailleurs, le corps privilégié s'offrait avec des physionomies diverses. Ainsi, c'était à la fois un collége d'enseignement, un jury de réception pour les grades, un conseil disciplinaire, une société ayant ses droits et ses prérogatives et organisée en grande partie dans un but de défense, quand les intérêts professionnels étaient en jeu.

Examinons donc, pièces en main, la corporation des apothicaires de Vannes, sous ses différents aspects. L'examen en vaut la peine.

Ce n'était pas une petite affaire que d'arriver à gagner maîtrise au XVIIe et au XVIIIe siècles, avec le titre de maître apothicaire juré de Vannes, et le droit d'exercer la profession. — Le jeune homme qui se destinait au métier devait remplir certaines conditions parfaitement définies par les statuts de 1732.

Tout d'abord, il ne pouvait sortir *de gens vils, mecanicques ou nottés d'infamie*. Ainsi le veut l'article 4.

J'ai relevé la liste de tous les apothicaires du XVIIIe siècle reçus à Vannes. Conformément aux statuts, je veux bien croire qu'aucun d'eux n'a eu pour père un vilain, ni un ouvrier ; ce qui est certain, c'est que je n'en rencontre qu'un seul dont le nom ait une apparence de noblesse, c'est Michel-Guillaume Debray, sieur du Bois-Robert, venu de Redon pour lever boutique à Vannes, et admis dans le giron de la compagnie en mars 1737. Ce même sieur du Bois-Robert était syndic de la communauté, en 1761, et paraphait en cette qualité les lettres de réception de Vincent Blouet.

Du reste ne nous étonnons pas trop de cette prétention du corps des apothicaires de Vannes à ne se recruter que dans les rangs de la classe moyenne, à l'exclusion des enfants du peuple. Comme l'a judicieusement fait observer M. de Tocqueville, à propos du XVIIIe siècle, « Si la France était le pays où les hommes étaient devenus le plus semblables entre eux, ces hommes étaient plus séparés qu'ils ne l'avaient jamais été en petits groupes étrangers et indifférents les uns aux autres » (1). Chaque groupe se préoccupait avant tout d'empêcher le groupe relativement inférieur de monter jusqu'à lui !

Dans la ville d'Amiens la corporation des apothicaires allait plus loin. Elle s'enquérait de l'aspirant s'il était *homme de bien et sans reprehention, craignant Dieu ;... s'il est sçavant et homme docte, entendant la langue latine; s'il est riche ayan des moyens pour furnir à l'estat; sa preudhomie, sa richesse ; son apprentissage et moyens bien avérés*, on procédait aux examens.

Donc à Vannes, de par l'art. 4 des statuts, pour être *apprentif apothicaire*, il était de rigueur qu'on fût au moins sortis du tiers, il fallait de plus être *bon grammairien*.

Lorsqu'un maître apothicaire passait marché d'apprentissage avec quelqu'un, il était tenu de faire assembler la compagnie qui jugeait des qualités de l'aspirant au titre d'*apprentif*. Le marché devait être de trois ans au moins. Le maître ne pouvait avoir plus d'un apprenti à la fois, sans approbation de la compagnie ; et quand le maître venait à mourir avant l'expiration du marché, ledit apprenti avait la faculté de *parachever son apprentissage chez l'un des autres maîtres de la ville* (art. 4).

Depuis l'entrée au service de la pharmacie jusqu'au moment où les épreuves de la maîtrise allaient commencer, il devait s'écouler dix années, y compris les trois ans d'apprentissage ; l'aspirant devait exhiber un certificat de stage d'au moins sept années comme serviteur chez différents maîtres (Art. 5).

Telle était la hiérarchie. Au haut de l'échelle, le maître apothicaire,

---

(1) Voir l'*Ancien régime et la Révolution*, par M. de Tocqueville. 1856.

membre de la communauté ; au bas le jeune apprenti, qui payait ordinairement son droit à l'apprentissage ; comme intermédiaire, le serviteur pharmacien, recevant paiement pour son travail, exposé pendant sept années à changer souvent de maître, comme un gai compagnon du tour de France, et se préparant à gagner maîtrise, à l'expiration des dix ans de pratique et d'étude obligatoires.

Dès lors l'aspirant à la maîtrise informait devant M. le lieutenant-général de police de *sa relligion, vie et mœurs*. Trois notables de l'endroit, parmi lesquels était souvent un *vénérable et discret eclésiastique*, attestaient sur la foi du serment, *la main ad pectus*, que l'aspirant était incapable de faire *aucunes actions derogeantes au caractère d'un homme d'honneur*, qu'il appartenait à *la relligion catholique, apostolique et romaine et qu'on l'avait vu faire tous les actes d'un bon chrétien et fréquenté les sacremens*. A chacune des lettres de maîtrise conservées aux archives de Vannes est attachée une attestation de ce genre.

Muni de cette pièce, de son extrait d'âge indiquant *au moins 25 ans*, de son acte d'apprentissage et des certificats de service chez les maîtres justifiant dix années de travail *sans discontinuation* (art. 5), l'aspirant frappait à la porte de la compagnie et présentait humblement sa requête à l'assemblée trimestrielle convoquée par M. le prévôt.

L'assemblée examinait les titres, et lorsqu'ils étaient reconnus valables et approuvés, on fixait le jour du premier examen.

« *Lequel se fera*, dit l'article 6, *sur la généralité de l'art, qui sont l'élection, la préparation et la mixtion des médicamens, et ce en présence d'un médecin.*

Le 2e examen devait rouler sur *l'explication des ordonnances latines des médecins, et sur l'interprétation des livres et autheurs latins de la profession qui leur seront présentés par lesdits maistres.*

On devine quels pouvaient être ces livres : les canons de Mesué (1) ; la pharmacopée de Quercetan (2) ; l'antidotaire de J. de Renou (3) ; le commentaire sur les purgatifs de Tagaut (4). Quand le bonhomme Oillic examinait, il ne pouvait manquer de mettre sous les yeux du candidat le *thesaurus* et *armentarium* d'Adrien Mynsicht, suivi du *testamentum hadrianeum* sur la pierre d'or des philosophes (Lyon 1677). Car l'exemplaire dont je dispose provient de sa bibliothèque et porte son nom, ainsi que celui de maître Gérard qui exerçait l'art de chirurgie et de barberie à Vannes en 1730.

Avant de subir son 3e examen, l'aspirant, conformément à l'article 9 des statuts, était obligé de supplier les *maistres de le mener herboriser et reconnaître les simples* tant à la campagne qu'au jardin de la compagnie. En style d'école, cette épreuve était appelée *l'acte des herbes*.

---

(1) *Canones, liber de simplicibus et antidotariis*, Jacobo Sylvio interprete. Parisiis 1542, in-fo.
(2) *Pharmacopœa Quercetan*, édit. 1603.
(3) *Dispensatorium medicum* de J. de Renou, 1615.
(4) *Commentarium de purgantibus*, J. Tagaut, 2 vol. 1537. Paris.

Toutes ces épreuves subies à la satisfaction de MM. les maîtres, l'aspirant demandait *jour pour venir recevoir pour chef-d'œuvre le nombre de trois compositions, lesquelles ledit aspirant sera tenu de dispenser, préparer et composer en entier, suyvant l'autheur qui lui sera présenté, à la maison du prévôt en charge ou autres desdits maistres.... et fera le meslange en présence desdits maistres apoticaires et d'un médecin, lesquels étant faits seront clos et cachettés du seing de la compagnie, pour ensuyte être examinés.*

L'article 9 enjoint à l'aspirant, lors de la dispensation du chef-d'œuvre, *de mestre ès mains du prévôt un sac de 200 livres.* Quant aux fils d'apothicaires de la ville de Vannes, ils jouissaient de l'inestimable privilége de ne subir que deux examens au lieu de trois; enfin ils ne payaient que 100 livres au lieu de 200 (art. 10).

Les maîtres apothicaires eux-mêmes, reçus dans une ville étrangère, ne pouvaient s'installer à Vannes et exercer la pharmacie qu'après avoir subi l'épreuve de nouveaux examens, et passé le chef-d'œuvre devant la compagnie : ainsi l'ordonnait l'article 12 des statuts.

Les chefs-d'œuvre jugés bons, il en était délivré à l'aspirant attestation par écrit sous le signe du médecin et des maîtres qui avaient suivi les examens (art. 8).

Voici dans quelles formes la communauté des apothicaires de Vannes délivrait les lettres de maîtrise. Parmi les nombreuses lettres de réception que j'ai relevées aux archives, je choisirai celles de Jan Garnier, parce que ce Jan Garnier fut un des fondateurs de la compagnie et le premier syndic en fonction conformément aux statuts de 1732.

Lettres de réception à la maistrise d'apoticaire de Jan Garnier, 5 novembre 1725.

« Nous soussignés J. Lemier, sieur Desplaces, docteur en médecine à Vannes, conseiller du roy, Louis Rodrigues, Jean Moulnier, François Faverot et François Fiquenel, maistres appoticaires à Vannes, certifions que, sur l'advis à nous donné par le sieur Jan Garnier, aspirant à la maistrise pour cette dite ville...., M. le lieutenant-général de police l'a renvoyé devant nous pour estre interrogé et sçavoir s'il a les capacités requises et nécessaires, lequel nous ayant présenté ses certificats, lettres d'apprantissage et autres pièces nécessaires, après les avoir examinez, nous les avons trouvé bonnes et en très bonne forme, et ayant renvoyé le dit sieur Garnier à la huitène pour estre interrogé sur les principes de la pharmacie, il s'est présenté devant nous le 24 septembre 1723, et l'ayant interrogé, il nous a bien répondu et fait connaître sa capacité, et l'ayant ensuytte renvoyé à huitène pour le segond examen au subjet de la cognaissance des drogues simples, il nous a aussi très bien répondu, et ensuytte nous l'avons conduit en plusieurs jardins et campagnes sur la cognaissance de la botanic autrement sur les simples, l'ayant interrogé sur différens simples, il nous a aussi très bien répondu.

» Ensuytte, nous lui avons donné trois chef-d'œuvres pour en faire les compositions, qui sont : La confection d'hyacinthe, l'emplastre de Uigo, *cum mercurio*, et la confection Hamech major. Le 18, il a présenté ses drogues, qu'on a trouvé bonnes et bien conditionnées, en ayant fait la dispensation chez le sieur Rodrigues; puis, nous l'avons renvoyé pour faire ses chefs-d'œuvre : la confection d'hyacinthe, chez le sieur Rodrigues; l'emplastre, chez le sieur Faverot, et la confection d'Hamech, chez le sieur Fiquenel; lesquelles compositions il a fait en leur présence; puis, ils ont été cachettés pour ensuitte être présentés devant nous médecins et appoticaires, ce qu'il a fait aujourd'hui 21 octobre; lesquels ayant été décachetés, nous les avons bien examinés, et les avons trouvés bons et de bonne consistance et bien composés; au moyen de quoy nous déclarons le trouver capable de professer et exercer la pharmacye, et consentons qu'il soit reçu pour la professer, ouvrir et lever boutique en cette ville de Vannes, et autres lieux du ressort du présidial. »

Nous avons signé lesdites lettres :

LE MIÈRE, conseiller, docteur en médecine; L. RODRIGUES; J. MOULNIER; F. FAVEROT, et F. FIQUENEL.

Les lettres de maîtrise remises à l'aspirant, celui-ci rendait visite à M. le prévot, et tous les deux en grande tenue, culotte courte, perruque à trois tours sur la tête, souliers à boucles d'argent, s'en allaient respectueusement chez M. le lieutenant général de police, où le nouveau maître prêtait serment de réception en tel cas accoutumé (art. 8).

La sentence de M. le lieutenant général de police porte que le postulant *est reçu maistre, pour jouir de ladite maistrise aux honneurs, profits et émolumens y attribués, duquel le serment pris, il a promis et juré, la main levée, d'observer les ordonnances et règlemens concernant l'art de pharmacie, et, en conséquence, il lui est permis d'ouvrir boutique.*

Indépendamment des conditions d'origine, d'âge, de religion, de mœurs, d'apprentissage et de service, d'épreuves et de frais d'examens, imposées aux gagnants maîtrise, conditions énumérées avec soin dans les statuts des apothicaires de Vannes, le néophyte était soumis aux exigences de certaines coutumes dont nous retrouvons l'analogue dans toutes les corporations, aussi bien chez les apothicaires que chez leurs voisins les chirurgiens barbiers.

Ces anciens usages ne s'inscrivaient pas toujours dans les statuts. La tradition les perpétuait sans peine, et chaque génération s'y conformait avec respect.

Pour ce qui regarde les pharmaciens, encore de nos jours, ils n'ont pas dépouillé complètement le vieil apothicaire. Les jurys médicaux vous diront qu'il est de bon ton d'offrir aux examinateurs un cornet de dragées, en guise d'épices.

Avant la Révolution, aux réceptions des maîtres apothicaires, l'usage des galas était général; et ces galas, offerts aux juges, étaient payés par la bourse du récipiendaire. Les autorités elles-mêmes ne dédaignaient pas de régler ces usages. Ainsi, à Amiens, où les apothicaires étaient réunis, comme à Vannes, en corporation, l'échevinage avait établi les devoirs du gagnant maîtrise de la façon suivante :

...... « d'aultant que toute peine doibt salère et récompense, et d'aultant que nul ne peut parvenir à maistrise qu'il ne lui couste quelque chose, il est de besoing aussi que le suppliant qui veut passer maistre appoticaire soit tenu à quelques devoirs et récompense pour le salère des médecins et appoticaires (ses examinateurs) .... Mais pource que cest estat est différent des estats mécanicques, ains au contraire qu'il est extrait des formes libérales, subjet à la lecture de plusieurs authcurs latins, ... à cette occasion, la libéralité y est plus louable que l'avarice d'en recevoir de l'argent ne présens somptueux, et la plus saine coutume est de se contenter de l'honnesteté volontaire dudit suppliant, donnant son repas seulement et sans excès.

» Au jour de présentation dudit suppliant, se pourra faire une colation seulement.

» Au jour de l'examen sur la théoricque, se pourra donner à souper et sans excès.

» Au jour de la présentation des drogues dispensées pour le chef-d'œuvre, se poura donner à souper sans excès. »

Et pendant tout le temps employé à la confection du chef-d'œuvre, attendu que MM. les examinateurs sont dans la nécessité de surveiller tous les détails de l'opération, dont la durée était quelquefois de plusieurs jours, « se pourra donner le desjeuner et le gouter. »

« Au jour que le chef-d'œuvre sera achevé, se pourra donner à souper.

» Au jour donné que ledit chef-d'œuvre se porte à l'hôtel-de-ville, doilt un banquet général ou disner tant aux médecins, appoticaires, leurs femmes, et aux femmes veuves dudit estat.

» Le même jour donnera à souper aux médecins et appoticaires sans leurs femmes » (1).

Nul doute que les maîtres apothicaires de Vannes ne fussent les fidèles observateurs de ces coutumes; je ne serais même pas étonné, en remontant plus haut que le XVIII° siècle que, le jour de son entrée en boutique, le nouveau maître suivît l'usage d'orner sa devanture de guirlandes de fleurs, comme aussi de planter un mai. Les apothicaires, précédés de musiciens et traînant à leur suite tous les animaux à lait médicinal, les chèvres, les ânesses, les juments, conduisaient l'élu à son officine, et l'installaient au comptoir (2).

Lorsque la mort venait surprendre un maître apothicaire de Vannes,

---

(1) *Docum. inédits sur l'Histoire de France.* 1re série. Tome II.— Amiens.
(2) *Histoire des Français.* — A. Monteil.

la communauté, en mère bienveillante, permettait à la veuve de continuer à tenir boutique à l'aide de serviteurs et d'apprentis. Si elle se remariait avec son serviteur ou autre, elle perdait ce précieux privilége, et le mari était contraint de se faire recevoir maître, conformément aux statuts (art. 21).

Enfin, obligation touchante née de l'esprit de mutualité, quand la mort frappait un des membres jurés de la communauté, les apothicaires de Vannes en corps étaient tenus d'assister à un service de huitaine, dans l'église de sa sépulture, pour le repos de l'âme du défunt, aux frais de la compagnie (art. 23).

L'exposé et l'analyse de cette première partie des statuts prouvent de quelle importance était la corporation des apothicaires de Vannes, érigée en corps enseignant et chargée de dispenser les grades, sorte de faculté sans appel ayant pour mission de juger du mérite non-seulement des aspirants, mais encore faisant subir l'examen aux maîtres porteurs de diplômes étrangers, et dont quelques-uns déjà blanchis sous le harnais, se voyaient obligés de descendre dans l'arène des interrogatoires et des épreuves.

La corporation n'avait qu'un supérieur hiérarchique, c'était le médecin. L'Europe entière avait retenti des contestations élevées entre les facultés de médecine représentées par leurs docteurs et les corporations pharmaceutiques, mais force avait été de céder. Les apothicaires, réduits aux abois, avaient reconnu humblement les médecins leurs pères et bons maîtres, et le célèbre décret *saluberrimæ facultatis medicinæ parisiensis* avait été rédigé en 1631, sous le décanat de Moreau.

La faculté les admettait en grâce, et s'engageant à les aimer et à les défendre comme des enfants et des disciples obéissants, elle leur imposait un concordat en onze articles.

Les statuts des apothicaires de Vannes sont conformes à ce concordat. Chaque examen de réception est présidé par un docteur en médecine, et toutes les lettres de maîtrise que j'ai compulsées aux archives sont signées par un docteur, conseiller du roi.

Du reste, cette prééminence du médecin était depuis longtemps établie en Bretagne. Dix ans avant le décret de la faculté de Paris, le parlement de Bretagne avait décidé que l'avis des médecins, même pour la réception à maîtrise, devait prévaloir sur l'avis des maîtres apothicaires. Les faits de la cause méritent d'être cités.

Un aspirant à la maîtrise d'apothicaire s'était présenté et avait été examiné à Nantes, suivant les statuts, par les maîtres de l'art, en présence des médecins.

Les apothicaires ne donnèrent pas sur le champ leur réponse; mais le lendemain, par acte notarié, ils déclarèrent que ledit aspirant n'avait pas *répondu capablement*, et qu'ils le renvoyaient étudier pour six mois. De là appel au présidial qui ordonna qu'auparavant faire droit, les médecins bailleront *leur procès verbal sur le subjet de l'examen;* ce qu'ayant fait et déclaré qu'il avait *répondu capablement pour être receu au chef-d'œuvre*, il est dit avoir été mal jugé, l'examen déclaré valable, et l'aspirant reçu à faire le chef-d'œuvre.

Les maîtres apothicaires appelèrent de cette sentence au parlement de Bretagne, prétendant que, comme il s'agissait de maîtrise en leur profession, leur avis devait prévaloir. Par son arrêt du 30 septembre 1621, la cour mit l'appel à néant (1).

Quelques années plus tard, en 1654, dans une affaire d'un autre genre, le même parlement donnait gain de cause à la corporation aussi soucieuse de son honorabilité que de ses priviléges. Il décidait qu'un huissier ne pouvait être admis à l'exercice et fonction d'apothicaire, *tant et si longtemps qu'il exerce la charge de sergent.* C'était donner raison au proverbe :

> De trois sergents, pendez-en deux,
> Le monde n'en ira que mieux.

Voici donc la confrérie des apothicaires de Vannes fortement organisée, sous la présidence honoraire d'un docteur en médecine, conseiller du roi, réglant elle-même ses affaires, ayant à sa tête un syndic, et reconnue par les statuts collége de réception aux lettres de maîtrise.

Dans cette première partie des statuts, tout est curieux et respire un parfum de vétusté qui rapelle l'ordonnance de Louis XIII et les édits de François Ier sur l'enseignement de la pharmacie. Quelques lectures publiques que daignaient faire les médecins aux apprentis et aux garçons apothicaires, des livres latins farcis de recettes absurdes et d'histoires merveilleuses, une longue pratique des manipulations et des mélanges, des examens et des épreuves, hérissés de formalités, dont l'importance et la rigueur s'évaluaient au poids des connaissances les plus imparfaites, des priviléges exclusifs dénotant la vanité des corporations ; mais il n'y a rien là de très regrettable, et l'assemblée constituante de 1791 a bien fait de jeter au vent les priviléges de ces communautés où régnaient la morgue intolérante et l'égoïsme routinier.

De son côté, la loi de Germinal an XI, fit faire un pas immense, en appelant aux inscriptions et au diplôme aussi bien le protestant que le catholique romain, le fils de l'artisan comme celui du bourgeois, et en fondant ces chaires d'enseignement supérieur d'où découlent depuis 60 ans, les applications vraiment sérieuses des sciences naturelles à la médecine.

Je juge donc pour ce qu'ils valent le savoir, l'enseignement et la pratique de nos anciens apothicaires ; cependant lorsque j'arrive aux articles de ces statuts qui sont relatifs à l'exercice de la pharmacie et à sa police, j'oublie la première partie, et j'admire sans réserve ces règlements si bien motivés, chef-d'œuvre de sagesse et de bon sens.

J'en demande pardon à la loi de germinal an XI et à celle du 29

---

(1) *Rec. d'arr. du Parlem. de Bretagne.* Devolant. 1722.

pluviose an XIII, mais leurs dispositions ne sont rien, quand on les compare aux statuts correspondants de ces petits apothicaires de Vannes dont nous avons ri tout à l'heure. Je citerai textuellement les articles et, en les indiquant à nos modernes pharmaciens, je ne puis faire mieux que de souhaiter pour eux que ces règlements soient remis en vigueur.

« Art. 14. — Que tous ceux qui exercent ladite profession dans le ressort du présidial de Vannes souffriront visittes de deux maistres jurés et d'un médecin, affin de voir s'ils tiennent de bonnes drogues simples et compositions, pour obvier aux accidents fâcheux qui arrivent journellement ; et que deffenses leur seront faites à l'avenir de non achepter aucunes compositions ny préparations tant internes qu'externes des droguistes charlatans, et autres passe-volants; mais seulement des maistres des villes jurés, dont ils apporteront attestation lors des visittes qui se feront dans leurs boutiques, sous paine de 300 liv. d'amande (applicable 1/3 au roy, 1/3 à l'hôpital général, 1/3 à la communauté des maistres apoticaires de Vannes), et seront appelés devant le lieutenant-général de police ceux qui seront trouvés en faute.

Art. 15. — Et parce que plusieurs prennent le titre de maistres apoticaires et exercent l'art de pharmacie dans le ressort du présidial de Vannes, sans avoir donné preuves de leur suffisance, et fait informations de vie et mœurs, deffenses leur seront faittes de prendre à l'avenir tel titre ny d'exercer ledit art, que premièrement ils n'ayent subi un examen et fait un chef-d'œuvre devant deux maistres de ladite ville de Vannes, en présence d'un médecin, attendu les accidens funestes qui arrivent journellement par l'impéricie de tels gens qui, au grand préjudice du public, dispensent et distribuent des remèdes, sans avoir le plus souvent aucunes teintures de la profession, sans toute fois que ledit examen et chef-d'œuvre puisse leur attribuer aucun droit d'exercer la profession dans la ville et fauxbourgs.

Art. 16. — Et d'aultant qu'il se trouve dans ladite ville et fauxbourgs de Vannes plusieurs droguistes, épiciers, confiseurs et autres gens qui exposent en vente et débittent plusieurs sortes de drogues et compositions deffectueuses, comme confections, électuaires, syrops, conserves, tablettes, pillules, emplastres, ongants, et autres compositions et préparations, dont il arrive de grands inconvénients; sera très-expressément deffendu et prohibé à telles sortes de gens d'exposer à l'advenir en vente ou débitter telles drogues ny autres compositions tant internes qu'externes, concernant ledit art, sur paine de confications des marchandises et de 300 liv. d'amande applicable comme dessus.

Art. 17. — Que le prévôt en charge, accompagné d'un sergent de police pourra visitter les boutiques de droguistes et épiciers, pour voir s'ils débittent de bonnes drogues simples, et en cas qu'il s'en trouve de deffectueuses s'en saisiront pour les représenter devant le lieutenant-général de police, en présence du procureur du roy, et y appeler celuy dans la boutique duquel elles auront été trouvées, pour estre condemné à l'amande, et les drogues brûlées, et pourra même le dit prévôt visiter les boutiques et autres lieux soupçonnés de débiter des remèdes composés pour s'en saisir, et ayant été représentés devant le lieutenant-général, estre jettés à la rivière, ou brûlés, et ceux qui en auront été trouvés saisis condamnés à l'amande de 300 liv. applicable comme dessus.

Art. 18. — Que les marchands forains, amenant dans ladite ville et fauxbourgs de Vannes des drogues et autres marchandises concernant la pharmacie, ne les pourront exposer en vente qu'après qu'elles auront été visittées et trouvées bonnes par le prévot en charge, que lesdits marchands seront obligés d'avertir pour faire la visitte, ou deux autres maistres apoticaires en cas d'absence du prévot ; et que deffenses leur soient faittes d'exposer en vente ny débiter aucunes compositions ny préparations tant internes qu'externes sous peinne de confiscation desdittes marchandises, et de 300 livres d'amande. . . .

Art. 19. — Que les chirurgiens et barbiers ne pourront fournir dans la ville et fauxbourgs de Vannes aucuns médicaments internes, comme clystaires, médecinnes, potions, syrops, et autres sur les peines cy-dessus, et que deffenses leur seront faittes d'avoir chez eux *pots et chevrettes*.

Art. 20. — Que deffenses expresses seront faites à toutes sortes de personnes, tant séculiers que réguliers, de fournir aucuns remèdes composés, tant internes qu'externes, sous peinne de 300 liv. d'amande; que, pour obvier aux abus qui se constent dans les maisons relligieuses de l'un et l'autre sexe, les supérieurs desdites maisons sont avertis que les communautés qui seront surprises contrevenir au présent article, praticqueront l'amande comme dessus. »

Tels étaient ces statuts de la communauté des apothicaires de Vannes; au point de vue de la police de la pharmacie ; admirables règlements de protection pour les membres sociétaires, qui vivaient de l'exercice de la profession ; garanties de sécurité au service de la santé publique, exposée à tous les hasards et à tous les dangers, toutes les fois qu'on laissera le commerce des drogues à la discrétion de l'ignorance ou du charlatanisme. Vis-à-vis de ces statuts, je le répète, et sous ce rapport, la loi de germinal ne soutient pas la comparaison. Et ne croyez pas que ces prohibitions restassent inappliquées. La corporation, avec sa puissance collective, son prestige et la conscience de son droit, n'était-elle pas là pour garder le dépôt de ses franchises et au besoin faire respecter ses priviléges ?

Le syndic en charge, escorté d'un médecin et de deux maîtres jurés, ne visitait-il pas toutes les officines des apothicaires, dans le but de s'assurer de leur bonne tenue, et de la qualité des médicaments ? Pour plus de précaution, chaque officine n'était-elle pas soumise à l'obligation de se fournir de remèdes seulement chez les maîtres jurés, dont il fallait exhiber les certificats et les factures ?

Indépendamment du respect que chacun devait avoir pour la charte fondamentale, le maître praticien de Vannes aurait eu honte de s'approvisionner à d'autres sources. Les commissionnaires en droguerie, tous ces vendeurs au rabais de marchandises frelatées, ces spéculateurs passe-volants, comme les désigne l'article 14, n'avaient pas accès chez lui.

Le syndic n'avait-il pas le droit, à toute heure du jour, de se mettre en route, en compagnie du commissaire de police, surveillant les boutiques des épiciers, des herboristes, des droguistes, des confiseurs, fouillant même l'intérieur des maisons des maîtres chirurgiens, auxquels il était défendu de posséder même des chevrettes vides, visitant tous les lieux suspects de mettre en vente des drogues, faisant dresser des procès-verbaux, saisissant les corps de délit et les jetant à la rivière, sans préjudice des condamnations rigoureuses infligées par la loi?

La communauté ne prenait-elle pas soin de faire ouvrir les ballots des marchands ambulants, auxquels elle ne permettait d'exposer des articles concernant la pharmacie, que quand ces articles avaient été examinés par deux maîtres? Dans tous les cas, défense expresse n'est-elle pas faite à ces marchands d'exposer aucun remède composé, sous peine de confiscation et de 300 livres d'amende?

Enfin, comme le disait à propos l'article 20 des statuts, pour obvier aux abus qui se commettent dans les maisons religieuses de l'un et l'autre sexes, l'exercice de la pharmacie n'était-il pas formellement prohibé, et les rigueurs de M. le sénéchal ne menaçaient-elles pas les délinquants, en les assimilant aux ignorants empiriques, dénués de toute teinture de la profession, dépourvus de titre légal, et dont les pratiques causent journellement les accidents les plus funestes?

Qui se serait plaint de cette législation? et comment reprocher à la corporation son ardeur à défendre ses droits? Ne s'agissait-il pas de la santé publique, au nom de laquelle les précautions ne sont jamais trop minutieuses? Et les statuts sur lesquels elle s'appuyait, n'avaient-ils pas la sanction de l'autorité royale? ces lettres patentes de 1732, solennellement octroyées par Louis XV, et devant lesquelles tout le monde devait plier!

Les registres d'audience du présidial de Vannes, ceux de Ploërmel et d'Auray, témoignent que les statuts de nos apothicaires n'étaient pas lettre morte, et que l'autorité rivalisait de zèle avec le prévot pour donner gain de cause à la loi, et garantir l'exercice régulier de la profession.

Un jour, ce sont de prétendus pharmaciens, venus de Quimperlé, qui se sont permis de vendre des drogues dans le ressort du présidial de Vannes. La communauté, représentée par J. Garnier, son syndic, leur intente des poursuites. On leur lance signification sur signification; bref, les délinquants finissent par être condamnés par défaut (1733).

Une autre fois, c'est M. le commissaire de police qui se transporte au domicile du sieur Lombard, marchand droguiste, demeurant près le Carrouër Saint-Pierre, à la diligence de maître Riallan, prévot de la communauté des apothicaires. On rencontre le sieur Krio, lieutenant du premier chirurgien du roy, et Guilloux, chirurgien des vaisseaux marchands, lesquels examinent une grande caisse contenant des outils, instruments d'opération. Dans cette caisse se trouve en même temps une provision de remèdes. Ces remèdes ont été fournis par le droguiste: là est la contravention. Le commissaire dresse procès-verbal, met les scellés sur la boîte, qu'on transportera au greffe, et Lombard devra comparaître devant M. le sénéchal, pour se voir condamner comme coupable de contravention aux articles 15 et 16 des statuts (1754).

En 1771, la descente de justice a lieu chez un maître chirurgien demeurant près les pompes de Saint-Patern. Cette fois, c'est à la requête de Mathurin Bodin et de Joachim Oillic, représentant la corporation des apothicaires. Il s'agit de vérifier s'il n'y a point chez lui *des choses prohibées* par l'article 19 des statuts. On fait ouvrir une armoire grillée, dans laquelle on trouve de l'eau thériacale, de la terre folliée, et autres drogues. Le procès-verbal note que le commissaire, escorté de ses deux maîtres apothicaires, est monté dans *différentes chambres*, pour continuer la vérification.

En 1787, les poursuites ont lieu contre un sieur Louis Guillemet, marchand épicier. Maître Lombard, alors syndic, dirige les poursuites. La saisie des drogues est opérée au domicile du délinquant, et le tribunal, dans le but d'examiner la nature et la qualité du corps de délit, nomme une commission d'experts : Aubry et Blanchet, docteurs en médecine, et Bernond, pharmacien de Lorient. L'épicier fut condamné.

Je termine ici ce qui est relatif aux apothicaires de Vannes et à leur corporation. Dans cette organisation de la profession sous l'ancien régime, je vois deux choses éminemment bonnes : Le principe d'association, auquel, Dieu merci, on revient aujourd'hui, et son mode d'application, au point de vue de la défense des intérêts professionnels. L'enseignement que je veux en tirer, est destiné aux pharmaciens de notre pays; et je leur dis : Comme vos prédéceseurs, soyez unis par un lien mutuel. Vous avez de votre côté les intérêts de l'humanité, de la science et de la morale, représentés par la loi. De même qu'ils avaient leurs statuts, vous avez la loi de Germinal, an XI ; eh bien! invoquez-la, cette loi, contre ceux ou celles qui la violent chaque jour, et la justice vous entendra.

G. DE CLOSMADEUC,
Docteur en médecine.

www.ingramcontent.com/pod-product-compliance
Lightning Source LLC
Chambersburg PA
CBHW061017050426
42453CB00009B/1502